This Notebook Belongs To

- -

- -

- -

Date....../......./........ S M T W T F S

Date......../........./......... S M T W T F S

Date....../....../...... SMTWTFS

Date....../....../...... SMTWTFS

Date......./........./........ S M T W T F S

Made in the USA
Monee, IL
15 November 2020